Les animaux de nos régions

La souris

Stephen Savage

GAMMA

CONTEXT • ÉCOLE ACTIVE

Les animaux de nos régions

Titres dans la collection :

Le lièvre • Le renard • Le hérisson • La souris

Traduction : Jacques Canezza

© Copyright 2003 Hodder Wayland
Auteur : Stephen Savage
Titre original : *Mouse*

© Éditions Gamma,
60120 Bonneuil-les-Eaux, 2003,
pour l'édition française.
Dépôt légal : septembre 2003.
Bibliothèque nationale.
ISBN 2-7130-2005-0

Exclusivité au Canada :
Éditions École Active
2244, rue de Rouen, Montréal,
Qué. H2K 1L5.
Dépôts légaux : septembre 2003.
Bibliothèque nationale du Québec,
Bibliothèque nationale du Canada.
ISBN 2-89069-754-1

Diffusion en Belgique :
Context S.A.
Avenue du Midi, 9
4130 Esneux

Crédits photographiques :
FLPA 7 (Martin Withers), 9, 10, 13, 20 (Jurgen & Christine Sohns), 24 (By Silvestris), 28 droite,
28 bas (Jurgen & Christine Sohns) ; naturepl.com 27 (Georgette Douwma) ; NHPA page de titre, 19, 21
(Stephen Dalton), 22 (Joe Blossom), 23 (Ant Photo Library), 25 (Manfred Danegger), 28 gauche
(Joe Blossom) ; Oxford Scientific Films ; Couverture (Rodger Jackman), 6 (Michael Fogden), 8
(Tony Bomford), 11 (Zig Leszczynski/AA), 12 (Kathie Atkinson), 14 (OSF), 15, 16 (Rodger Jackman),
17 (Satoshi Kuribayashi), 26 (Rodger Jackman), 28 haut (Tony Bomford).

Loi n° 49-956 du 16 juillet 1949
sur les publications destinées à la jeunesse.

Imprimé à Hong Kong.

Sommaire

La souris

La souris est un petit rongeur agile. Elle s'est adaptée à presque tous les habitats, des champs et des forêts aux déserts et aux villes. Elle vit dans toutes les régions du monde, à l'exception des régions polaires.

Ce livre présente la souris grise et explique pourquoi elle est le membre le plus répandu de la famille des souris.

▲ Voici la taille d'une souris comparée à celle de la main d'un homme.

Le pelage

La souris a un pelage huileux qui est chaud et protecteur.

Une souris grise. ▶

Le corps

La souris a des os minuscules, ce qui lui permet de se faufiler dans des trous d'un centimètre. Si elle parvient à passer la tête dans un trou, son corps y passe aussi.

La queue

La queue mince de la souris n'a presque pas de poils. Elle lui permet de garder son équilibre, en particulier quand elle se dresse sur ses pattes de derrière.

Les pieds

La souris a des petits pieds griffus, idéaux pour courir et grimper.

4

LA SOURIS

Le nom scientifique de la souris grise est *Mus musculus*, du latin *musculus* qui signifie « petite souris ».

Le mot souris désigne indifféremment le mâle et la femelle. Les petits sont appelés « souriceaux ».

La souris grise mesure environ 9 cm sans la queue – qui est presque aussi longue que le corps – et pèse une trentaine de grammes.

Les oreilles

La souris a de grandes oreilles et une excellente ouïe. C'est le sens qu'elle utilise le plus pour détecter les dangers.

Les yeux

La souris a une mauvaise vue et elle ne distingue pas les couleurs. Comme elle se déplace surtout dans l'obscurité, ce sont souvent ses moustaches qui l'aident à trouver son chemin.

Le nez

La souris a un bon odorat qui lui permet de trouver sa nourriture et de reconnaître les odeurs des autres souris.

Les dents

Comme tous les rongeurs, la souris a des dents en biseau qui poussent tout au long de sa vie. Elle doit les user sur des objets durs pour éviter qu'elles ne deviennent trop longues.

Les moustaches

Les moustaches ont à leur base des organes sensitifs. Elles permettent à la souris de trouver son chemin dans l'obscurité.

La famille souris

La souris est un mammifère rongeur dont le groupe des myomorphes comprend par exemple le campagnol, la gerbille, le hamster, le lemming, le mulot et le rat. Les muridés vivent cachés et se caractérisent par une longue queue couverte de poils ras.

▼ Cette souris à sauterelles américaine est en train de dévorer un rat des moissons qui vient de se faire tuer.

La forme du corps des muridés est identique, mais leur taille varie. Ils se différencient aussi par leurs oreilles, leur queue et leurs pieds. La plupart creusent des terriers où ils vivent en colonie.

L'ÉLEVAGE

Les hommes élèvent des souris depuis plus de 4000 ans. Dans l'Antiquité, les Grecs, les Égyptiens et les Chinois les utilisaient pour prédire l'avenir ou comme porte-bonheur dans les temples ou les maisons. Grâce à l'élevage sélectif, il existe aujourd'hui plus de 7500 variétés de souris de couleurs différentes. Elles sont blanches, pie (blanc et noir), chocolat, bleues ou même argentées. Ce sont des animaux familiers, mais on les élève aussi pour faire des expériences médicales.

La plupart des souris sont omnivores et se nourrissent de grains, d'insectes et de cadavres d'animaux, mais certaines d'entre elles sont carnivores. La souris à sauterelles, par exemple, vit dans les prairies américaines et se nourrit de sauterelles, de scorpions et même d'autres souris souvent plus grosses qu'elle.

Le minuscule rat des moissons a une façon originale de se protéger des prédateurs. Il construit son nid sur des tiges d'herbes ou de céréales, à une hauteur qui varie de 30 cm à un mètre, et il s'y réfugie en cas de danger. Le rat kangourou américain a des pattes arrière très longues qui lui permettent d'échapper à ses poursuivants en bondissant comme un kangourou.

◄ Un rat des moissons sort la tête de son nid perché dans les herbes.

Naître et grandir

À la campagne, les souris grises naissent généralement entre mars et octobre, quand la nourriture est abondante. Dans les villes, elles naissent presque tout au long de l'année.

Avant de mettre bas, la souris prépare son nid dans un endroit chaud et sombre – sous le toit d'un garage, dans un coin de grange ou de grenier. Si c'est sa première portée, la souris doit construire entièrement le nid. Elle pourra le réutiliser pour ses autres portées.

Une portée de souriceaux ▶ nouveau-nés se serrent les uns contre les autres pour se réchauffer pendant que leur mère cherche de la nourriture.

LES SOURICEAUX

À la naissance, un souriceau mesure environ 30 mm et pèse 2,5 g.

Une portée compte généralement 5 ou 6 petits, mais une souris peut donner naissance à 13 souriceaux.

À la naissance, les souriceaux sont roses, aveugles et sans défense. Ils n'ont aucun poil, à l'exception de leurs moustaches ; leurs yeux et leurs oreilles sont fermés. Ils sont nourris et protégés par leur mère. Elle les allaite et les lave plusieurs fois par jour. Elle ne les quitte que pour chercher de la nourriture. Quand elle revient au nid, ses petits la reconnaissent à son odeur.

Les souriceaux grandissent rapidement. À dix jours, leur pelage a poussé. À deux semaines, leurs yeux et leurs oreilles s'ouvrent.

▼ Une souris allaite ses petits qui ont déjà leur pelage.

Les premiers jours

Entre 2 et 3 semaines, les souriceaux sortent du nid pour explorer leur environnement. Ils commencent à apprendre les choses qui leur permettront de survivre, comme par exemple trouver leur nourriture et être discret pour ne pas se mettre en danger.

Entre 3 et 4 semaines, les souriceaux sont sevrés et abandonnent le nid. Leur mère attend déjà une nouvelle portée.

SE LAVER

Se laver est une activité quotidienne chez les souris et les souriceaux doivent apprendre à le faire. Les souris nettoient leur pelage avec leurs dents. Elles utilisent leurs pattes arrière pour se gratter et leurs pattes avant pour se « laver » le museau. Elles nettoient parfois le pelage d'autres souris en signe d'amitié.

▼ Deux souriceaux se régalent d'une mûre.

Quand elles quittent leur nid, les jeunes souris doivent affronter de nombreux dangers et la plupart d'entre elles sont tuées au cours de leur première année. Elles sont chassées par des prédateurs tels que les chats, les renards et les oiseaux de proie, mais elles sont aussi menacées par les souris adultes. Plus un endroit abrite de souris, plus les jeunes devront s'en éloigner pour s'installer.

◀ De nombreuses jeunes souris sont tuées par des prédateurs tels que ce hibou grand duc.

L'habitat

Les souris trouvent dans les villes de nombreux abris. Elles s'installent souvent dans les maisons, dans des trous de murs, dans les cloisons creuses, sous les planchers et dans les greniers ou les caves. Dans les garages et les abris de jardin, elles vivent entre les cartons et les pots de fleurs. Certaines d'entre elles vivent dans les maisons tout au long de l'année. D'autres n'y pénètrent que pour se nourrir et se réchauffer.

▼ Ces pots forment un escalier bien pratique pour cette souris qui explore une cuisine.

Les souris s'abritent et se nourrissent aussi dans les parcs, les entrepôts et les gares. Dans les zoos et les parcs animaliers, elles vivent dans les enclos ou les cages des rhinocéros, des singes et d'autres animaux.

À la campagne, les souris vivent souvent dans les bâtiments de ferme telles les granges. Elles sont particulièrement nombreuses dans les fermes où l'on cultive et stocke des céréales. Elles vivent aussi parfois dans les champs, les haies ou dans les bâtiments en ruine.

▼ Cette souris grise vit dans un champ de blé qui lui fournit une nourriture abondante.

▲ Cette souris
rassemble des matériaux
pour construire un nid.

Le nid

Les souris construisent leur nid dans des endroits
chauds et sombres, à l'abri des prédateurs. La femelle
déchire, avec les dents, les divers matériaux dont elle
dispose et les entrelace ensemble à l'aide de ses pattes
avant. La plupart des nids ont la forme d'une balle
et mesurent une dizaine de centimètres de diamètre.

Pour faire leur nid, les souris des villes utilisent du
papier, des sacs, des vêtements, de la laine de verre,
de la ficelle. Les lieux qu'elles apprécient particulièrement
sont les cartons d'emballage, les tiroirs, le dessous
ou l'intérieur des meubles.

À la campagne, les nids sont construits avec davantage de matériaux naturels tels que des herbes séchées, des feuilles ou de la paille. Ils sont installés dans les bâtiments de ferme, dans les meules de paille ou même dans les haies. Les souris creusent parfois des galeries ou occupent un terrier abandonné.

Les souris utilisent souvent leur nid pour élever plusieurs portées. Elles se regroupent parfois dans le même nid et s'entraident pour élever les souriceaux.

UNE MAISON FROIDE

Le lieu le plus surprenant choisi par des souris pour leur nid est un entrepôt frigorifique, avec une température de – 10 °C et une obscurité totale. Elles y creusent des galeries et se nourrissent de viande congelée. Leur nid est fait de toile de jute. Les souris vivant dans ces conditions sont plus grosses que les autres. Leur graisse les protège du froid.

▼ Cette souris a fait son nid dans du vieux rembourrage, dans un atelier.

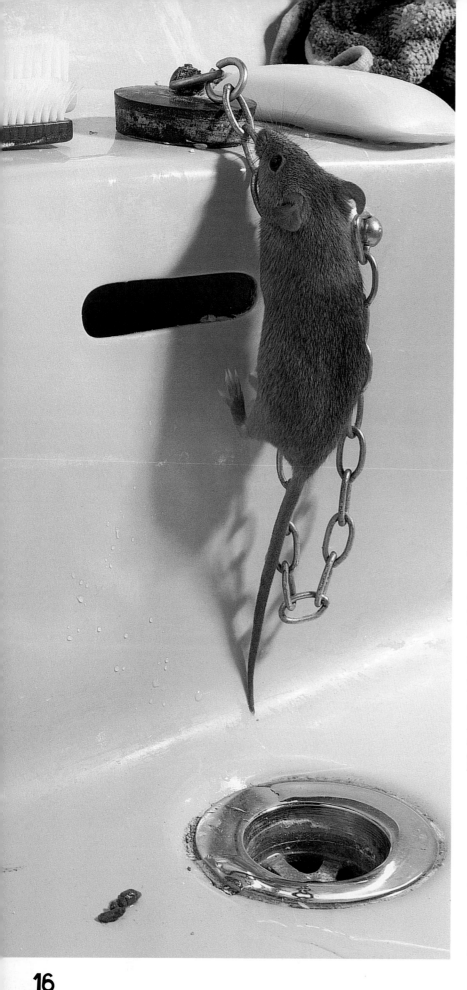

Le territoire

Les souris grises vivent en petits groupes composés de plusieurs femelles et d'un mâle dominant. Chaque groupe occupe un territoire qui ne dépasse généralement pas 9 m de diamètre.

Les souris marquent les limites de leur territoire avec leur urine. Le mâle dominant défend ce territoire contre les intrus. Les souris de la campagne défendent davantage leur territoire que les souris des villes.

Les souris mémorisent les chemins de leur territoire et utilisent toujours les mêmes. Dans l'obscurité, elles trouvent leur chemin par le contact des obstacles avec leurs longues moustaches.

◀ Les souris sont d'excellentes grimpeuses. Celle-ci utilise la chaîne de la bonde pour sortir d'un évier très glissant.

Les souris grises sont des animaux nocturnes, c'est-à-dire qu'elles sont plus actives la nuit, mais on en voit parfois courir le long d'un mur pendant la journée. Une souris peut faire des bonds de 30 cm en hauteur et grimper le long d'un mur en briques. Elle peut courir sur des tuyaux et des câbles électriques et sauter d'une hauteur de 2,5 m.

◀ Une souris grise saute en utilisant ses puissantes pattes arrière. Sa queue lui sert de balancier.

LA COMMUNICATION

Nous entendons parfois les souris pousser des couinements, mais nous n'entendons pas la plupart de leurs cris, car ils sont trop faibles pour notre ouïe. Ces appels discrets sont des messages destinés à des souris proches ou à des souriceaux perdus. Ils ne sont perceptibles qu'à de courtes distances, ce qui empêche les prédateurs de les entendre.

Se nourrir

Les souris sont omnivores. Elles mangent des plantes, des graines, des fruits, des insectes et des charognes. Elles se nourrissent à l'occasion de vers de terre, de cloportes et de champignons. Les souris de la campagne s'alimentent essentiellement de céréales.

▼ Les souris sont au centre de plusieurs chaînes alimentaires (les illustrations ne sont pas à l'échelle).

La chaîne alimentaire de la souris

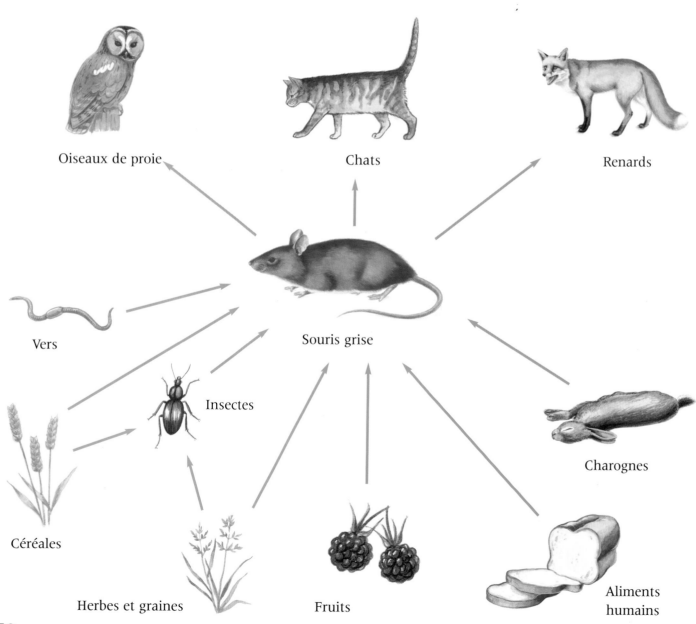

Oiseaux de proie

Chats

Renards

Vers

Souris grise

Insectes

Charognes

Céréales

Herbes et graines

Fruits

Aliments humains

La nourriture préférée de la souris grise est les céréales ou les aliments qui en contiennent, tels le pain et les biscuits. La souris mange presque tous les aliments humains, mais contrairement à ce que nous voyons dans les dessins animés, elle n'apprécie pas particulièrement le fromage. Les souris des villes mangent souvent des aliments riches en protéines ou en graisse, tels le lard et le beurre, ou riches en sucre, tels le chocolat et les bonbons. Ces aliments fournissent l'énergie et la graisse nécessaires à leur organisme.

◀ Cette souris a creusé une galerie dans un pain.

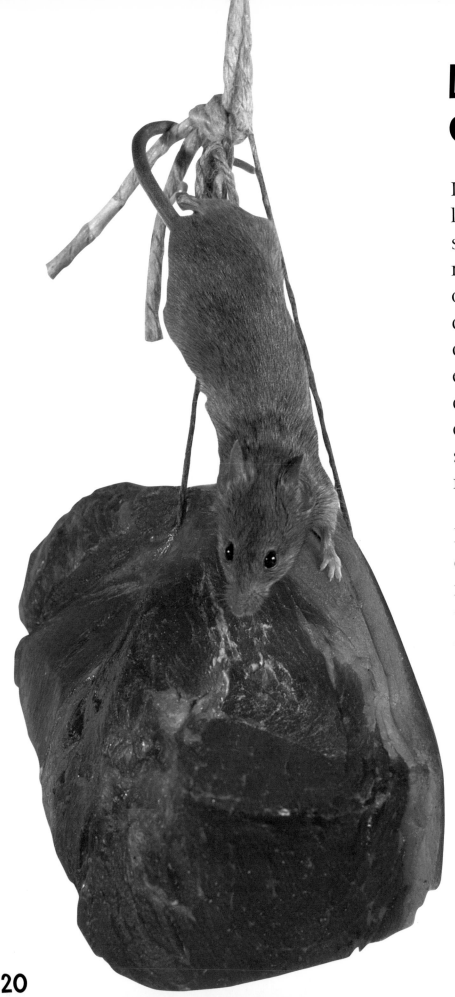

La recherche de nourriture

La souris, surtout active la nuit et dans des lieux sombres, trouve sa nourriture grâce à son odorat. Elle a les sens de l'odorat et du goût très développés. Elle reconnaît et se souvient très bien des aliments qu'elle aime ou qu'elle n'aime pas. Elle se méfie de tous les aliments nouveaux qu'elle rencontre.

La souris semble toujours être à la recherche de nourriture, mais mange très peu : trois grammes de nourriture par jour lui suffisent. Dans les maisons, elle se contente de grignoter un aliment avant d'en goûter un autre. Elle gaspille ainsi plus de nourriture qu'elle n'en mange.

◀ Cette souris est descendue le long d'une corde pour atteindre un morceau de viande.

▲ Ronger les câbles électriques comme le fait cette souris est dangereux pour l'animal, mais aussi pour la maison.

L'eau

La souris boit régulièrement de l'eau quand elle le peut, mais elle est capable de survivre sans boire, car elle utilise l'eau contenue dans ses aliments. Elle a sans doute hérité cette capacité de ses ancêtres asiatiques qui avaient beaucoup moins de villes où trouver de l'eau, de la nourriture et un abri. Cependant, le manque d'eau provoque, chez la souris, une baisse de la fertilité.

DES ALIMENTS INHABITUELS

En dehors des aliments humains, la souris grise s'attaque à des produits très bizarres tels que le plâtre, la colle, le savon, les bougies et le bois. Elle les ronge sans doute parce qu'elle a besoin de grignoter quelque chose et parce qu'elle est attirée par leur odeur. La souris peut provoquer des dégâts importants aux fils électriques, meubles, livres et documents.

La reproduction

Les souris femelles peuvent se reproduire à l'âge
de cinq semaines. Les mâles doivent attendre dix
semaines, car il leur faut d'abord trouver un territoire.
Les femelles ne s'accouplent qu'avec le mâle dominant
du groupe. Après l'accouplement, le mâle quitte
la femelle et ne s'occupe pas du tout des petits.

▼ Un seul couple
de souris est parfois
à l'origine d'une
population importante.

Les souriceaux naissent une vingtaine de jours après
l'accouplement. Cette gestation très courte explique
pourquoi les souris se reproduisent en si grand nombre.
Une femelle met bas toutes les trois ou quatre semaines
et peut avoir jusqu'à dix portées par an.

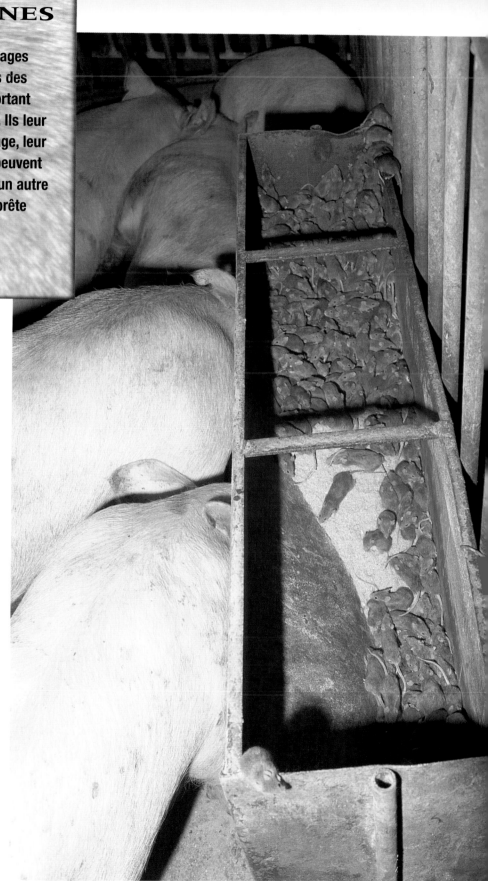

LES PHÉROMONES

Les phéromones sont des messages chimiques envoyés par le corps des animaux. Ils jouent un rôle important dans la vie quotidienne des souris. Ils leur permettent de communiquer leur âge, leur sexe et leur groupe d'origine. Ils peuvent ainsi permettre à un mâle d'éviter un autre mâle ou de suivre une femelle prête à s'accoupler.

▶ Des centaines de souris dans un élevage de porcs industriel.

Le nombre de souris dans un endroit augmente parfois considérablement, ce qui provoque davantage d'accrochages et de combats entre les mâles. La surpopulation provoque parfois, chez certaines femelles, une infertilité temporaire ou permanente. Cela permet d'éviter que le nombre de souris ne devienne trop important pour l'espace et la nourriture disponibles.

Les menaces

Les souris doivent affronter de nombreux prédateurs.
À la campagne, elles sont une proie importante
pour beaucoup d'animaux. Les chouettes, les faucons
crécerelles et d'autres oiseaux de proie les chassent
dans les champs. Les renards et les blaireaux les
chassent dans les bois en déterrant les nids ou
en capturant les souriceaux quand ils sortent du nid
pour la première fois. Les seuls moyens de défense
de la souris sont la prudence quand elle se déplace
et la vitesse quand elle est pourchassée.

▼ Un faucon crécerelle
fond sur une souris qui
est à l'entrée de son nid.

Le chat domestique est l'un des principaux prédateurs de la souris ; il est souvent considéré comme son pire ennemi. Certains chats – comme les chats de ferme – ne sont pas considérés comme des animaux de compagnie : leur maître ne les garde que parce qu'ils sont de bons chasseurs de souris.

▼ Les chats domestiques tuent souvent des souris parce qu'ils ont l'instinct de la chasse.

LE CHAT DOMESTIQUE

Les premières civilisations ont domestiqué le chat sauvage pour chasser les souris. Les Phéniciens qui vivaient sur les côtes méditerranéennes, il y a environ 3000 ans, l'utilisaient sans doute sur leurs bateaux de commerce pour chasser les souris. Il a été introduit en France au Moyen Âge et a détrôné la genette, alors domestiquée pour la chasse aux souris.

Les souris et les hommes

Le plus grand ennemi de la souris est l'homme.
Les souris ne vivent presque jamais dans les maisons
elles-mêmes. Mais la plupart des souris s'introduisent
dans les cuisines et d'autres parties de la maison pour
fouiller dans la nourriture et les ordures.

Les souris ne font pas que manger nos aliments, elles
les contaminent en les grignotant ou en y déposant
des crottes, ce qui les rend impropres à la consommation.
Elles sont aussi porteuses de maladies, en particulier
dans leur urine. Dans les fermes, les souris peuvent
causer des dégâts dans la nourriture du bétail.

▲ Les souris sont
des animaux nuisibles
depuis la naissance
de l'agriculture,
en particulier après
la récolte, quand
on rentre le grain.

L'homme utilise divers pièges et poisons pour tuer les souris. Il dépose des graines empoisonnées dans les endroits fréquentés par les souris, mais les souris évitent les aliments qui ont mauvais goût. De plus, de nombreuses souris sont immunisées contre les poisons qui sont donc souvent inefficaces. Certaines personnes pensent qu'il ne faut pas tuer les souris, mais les capturer à l'aide de pièges non mortels et les relâcher dans la nature, loin des maisons.

▼ Certaines souris ont appris à manger le fromage sans déclencher le piège.

L'ESPÉRANCE DE VIE

Une souris peut vivre 3 ans dans la nature. Peu d'entre elles cependant vivent plus d'un an et seuls un ou deux souriceaux de chaque femelle survivront et deviendront adultes. L'espérance de vie de la souris dépend de son habitat qui détermine ses chances de survie. Les souris domestiques ou de laboratoire peuvent atteindre l'âge de 6 ans.

Le cycle de la vie

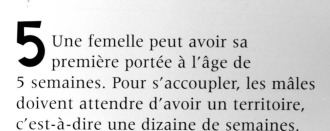

1 Les souriceaux nouveau-nés sont nus, sourds et aveugles. Une portée moyenne compte cinq ou six petits.

2 Dix jours après leur naissance, les souriceaux sont couverts d'un pelage. Leurs yeux s'ouvrent à quatorze jours.

5 Une femelle peut avoir sa première portée à l'âge de 5 semaines. Pour s'accoupler, les mâles doivent attendre d'avoir un territoire, c'est-à-dire une dizaine de semaines.

4 À trois ou quatre semaines, les jeunes souris sont sevrées et quittent le nid. La femelle attend parfois déjà une nouvelle portée.

3 À dix-huit jours environ, les jeunes souris quittent le nid pour la première fois et se mettent à la recherche de nourriture.

Sur les traces de la souris

Recherche les indices suivants pour t'aider à trouver des souris :

Le nid

De petits bouts de papier et d'autres matériaux indiquent parfois la présence d'un nid à proximité. Il est généralement invisible, mais on peut en trouver sur le dessus d'un placard ou dans des cartons dans un grenier ou un garage.

Les traces de dents

Cherche des traces de grignotement sur les objets en bois tels que des boîtes et des meubles, en particulier ceux qui sont dans des endroits peu fréquentés. Les traces de dents sont petites et généralement plus claires que le reste du bois. De la sciure est parfois visible.

Les crottes

On trouve des crottes de souris le long des chemins qu'elles empruntent. Ces crottes sont petites, noires, allongées avec des extrémités pointues.

3–6 mm

L'urine

La souris utilise son urine pour délimiter son territoire. Il se forme parfois des petits tas qui sont des mélanges d'urine, de graisse, de poussière et parfois de crottes.

Les bruits

Les souris sont parfois bruyantes. Tu peux les entendre gratter, ronger ou courir derrière un mur. Elles poussent aussi des petits cris aigus.

L'odeur

Les souris ont une odeur musquée, en particulier les mâles. Les endroits où elles urinent souvent dégagent aussi une odeur forte.

Les empreintes

Les souris ont quatre orteils à leurs pattes avant et cinq à leurs pattes arrière. Les empreintes de pieds sont accompagnées d'une traînée qui est la trace de la queue sur le sol.

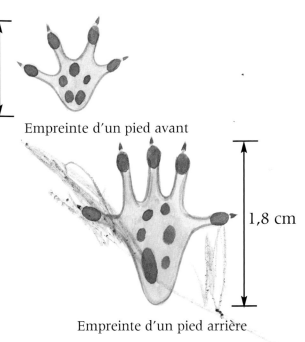

1 cm

Empreinte d'un pied avant

1,8 cm

Empreinte d'un pied arrière

Glossaire

allaiter : nourrir un petit de son lait.

carnivore : un être vivant qui se nourrit de viande.

céréales : les plantes (telles que le blé, le maïs, l'orge, l'avoine, le riz et le seigle) dont les graines servent de base à l'alimentation de l'homme et de certains animaux.

charogne : le cadavre d'un animal.

colonie : un groupe d'animaux vivant en commun.

domestique : se dit des animaux qui ont été apprivoisés pour servir d'animaux de compagnie ou pour travailler.

dominant : se dit de l'animal le plus fort d'un groupe.

élevage sélectif : élever des animaux en faisant des croisements pour obtenir des caractéristiques particulières, telle une couleur.

fertilité : la capacité d'un animal à avoir des petits ou d'une terre à produire des récoltes.

habitat : l'ensemble des conditions géographiques dans lesquelles vivent un animal ou une plante.

incisives : les dents aplaties et tranchantes placées à l'avant de la bouche et qui servent à couper les aliments.

intrus : un animal qui s'introduit sur le territoire d'un autre animal.

mettre bas : donner naissance, pour les animaux.

nocturne : se dit d'un animal qui dort le jour et est actif la nuit.

odorat : le sens par lequel on perçoit les odeurs.

omnivore : un animal qui mange de la viande et des plantes.

ouïe : le sens par lequel on perçoit

les sons.

portée : l'ensemble des petits que les femelles des mammifères mettent bas en une fois.

prédateur : un animal qui se nourrit de proies.

proie : un être vivant chassé par un carnivore.

rongeurs : de petits animaux tels que les souris, les rats et les campagnols, qui possèdent de petites dents acérées avec lesquelles ils rongent.

sevré : un jeune mammifère est sevré quand il ne tète plus sa mère et se nourrit exclusivement de nourriture solide.

terrier : l'abri souterrain de certains animaux, tels que le renard, le lapin et le blaireau.

territoire : la zone contrôlée et défendue par un animal.

téter : sucer le lait, en parlant d'un jeune animal ou d'un nourrisson.

Index